Thomas Feghelm

Laubsägearbeiten
Schutzengel

ENGLISCH VERLAG

Bibliografische Information der Deutschen Bibliothek
Die Deutsche Bibliothek verzeichnet diese Publikation in der Deutschen Nationalbibliografie;
detaillierte bibliografische Daten sind im Internet über http://dnb.ddb.de abrufbar.

© by Englisch Verlag GmbH, Wiesbaden 2003
ISBN 3-8241-1240-X
Alle Rechte vorbehalten. Nachdruck, auch auszugsweise, verboten.
Fotos: Frank Schuppelius
Herstellung: Michael Feuerer
Printed in Germany

Inhaltsverzeichnis

4

Vorwort

Es muss einfach himmlisch sein, wenn man als Engel unterwegs sein darf. Aber manchmal ist es auch für einen Schutzengel ganz schön aufregend: Immer zur rechten Zeit am richtigen Ort zu sein und auf das Wohl der Menschen, Tiere und Pflanzen zu achten, ist oft nicht ganz einfach. Deshalb haben sich die Engel vor einiger Zeit zusammengesetzt, um sich abzusprechen, wer von nun an welche Aufgaben übernehmen soll. Das gab erst ein richtiges Durcheinander, da alle Engel natürlich ihre Lieblingsaufgaben haben. Aber wie das bei himmlischen Boten so ist, einigten sie sich freundlich, und jeder

geht nun seiner „Arbeit" nach. Einer ist zum Beispiel für die Tiere zuständig und passt immer auf, dass es ihnen auch gut geht. Ein anderer Schutzengel ist für die Pflanzen zuständig und muss im Sommer eine Sonderschicht schieben.

Der Weihnachtsengel kann sich dafür ganz schön lange ausruhen. Wenn es dunkel wird, kommt der Schutzengel für die Nacht und sieht nach dem Rechten, und auch in der Küche sitzt ein kleiner Aufpasser.

Was Engel aber wirklich traurig macht, ist, wenn sie gar nicht von den Menschen beachtet werden und ihre Arbeit als selbstverständlich betrachtet wird.

Damit sich das in der Zukunft ändert, haben Sie mit diesen Vorlagen nun die Möglichkeit „Ihrem" Engel auch einmal Danke zu sagen.

Ich wünsche Ihnen eine schöne Zeit.

Thomas Feghelm

5

Material und Werkzeug

Um die liebenswerten Schutzengel herzustellen, benötigen Sie:
- Laubsäge oder Decoupiersäge
- Sägeblätter in verschiedenen Stärken
- Schleifpapier in verschiedenen Körnungen
- Leimholz in 18 mm Stärke
- Sperrholz in 3 mm, 4 mm, 6 mm und 8 mm Stärke
- Holzleim und Kraftkleber
- Heißkleber
- Bohrmaschine oder Akkuschrauber
- Bleistift
- Architektenpapier
- Bastelfarben
- Karostoffe
- Naturbast
- Gelstift in Schwarz
- Lackmalstift in Schwarz
- Pinsel in unterschiedlichen Größen
- Draht in verschiedenen Stärken
- Kupferfolie
- kleine Nägel
- kleine Gläser (leere Marmeladengläser) zum Anrühren von Beize
- Cutter oder ein gerades Schnitzmesser
- Alurohre, 0,6 cm
- 8er Holzdübel

Das Holz

Für die meisten Motive in diesem Buch brauchen Sie 18 mm starkes Massivholz, um den „Country Style" richtig zu betonen. Sie erhalten dieses Holz als Leimholzplatten in Baumärkten. Sparen Sie dabei nicht an der Qualität des Holzes, und achten Sie unbedingt darauf, dass das ausgewählte Holz relativ hell ist, d.h. je weniger Astlöcher und Maserungen vorhanden sind,

desto leichter lässt sich das Holz bearbeiten. Weiterhin benötigen Sie Pappelsperrholz in 3 mm, 4 mm, 6 mm und 8 mm Stärke sowie Rundholzstäbe in verschiedenen Dicken.

Die Säge

Die **Laubsäge** erfordert ein wenig Muskelkraft und wird mit Auf- und Abbewegungen durch das Holz geführt. Drücken Sie das Sägeblatt dabei nur leicht gegen das Holz, um ein Verkannten oder gar Reißen des Blattes zu vermeiden. Mit dieser Säge lassen sich jedoch nur die dünneren Holzplatten problemlos sägen.
Für die Leimholzplatten verwenden Sie am besten eine **Decoupiersäge**, d.h. eine elektrisch betriebene Laubsäge. Ein Motor ersetzt dabei die Muskelkraft der Auf- und Abbewegung des Sägeblattes. Es gibt diese Säge in unterschiedlichen Ausführungen und Preisklassen. Mit solch einer Säge lassen sich auch härtere Hölzer bis zu einer Stärke von 50 mm bearbeiten. Das Holz wird bei der Verarbeitung etwas fester auf den Sägetisch gedrückt und leicht gegen das Sägeblatt geführt. Eine genaue Beschreibung liegt der jeweiligen Säge bei.

Das Schleifpapier

Nach dem Aussägen der Motive werden die Seiten, wo es erforderlich ist, geglättet. Hierfür eignet sich ein Schleifpapier mit grober Körnung (z.B. 80er). Verwenden Sie für den Nachschliff ein Papier mittlerer Körnung (z.B. 120er).
Die Kanten werden teilweise mit einem Cutter oder einem Schnitzmesser gebrochen. Je unebener die Kanten sind, desto rustikaler ist auch die Erscheinung.

6

Die Farben

Zum Bemalen verwenden Sie am besten **wasserlösliche Bastelfarben**, die im „Country Style" matt sein sollten. Diese Farben sind gut deckend und trocknen schnell. Möchte man die Holzmaserung auch nach der Bemalung sehen, kann man sich aus diesen Farben so genannte **Beizen** herstellen (siehe Maltechniken).

Um die Farben dauerhaft haltbar zu machen, werden diese nach dem Trocknen mit einem **Matt-Sprühlack** versiegelt.

Die Pinsel

Verwenden Sie für die Grundierung einen **Borstenpinsel**. Beim Einsatz von Beizen nehmen Sie einen flach gebundenen **Synthetikpinsel**. Für Stupf- und Drybrushtechniken eignet sich insbesondere ein rund gebundener **Drybrushpinsel** mit runder Spitze. Weiterhin brauchen Sie runde und flache Synthetikpinsel in unterschiedlichen Größen. Feinste Linien und Konturen werden mit sehr guten Resultaten mit einem Gelstift aufgetragen.

Die Bodenverankerung

Damit die Figuren auch im Außenbereich fest stehen, werden sie mit Alurohren versehen. In den Boden gesteckt, verwittern sie nicht.

7

Allgemeine Grundanleitung

Die Motivübertragung

Legen Sie einen Bogen festes Transparentpapier (Architektenpapier) über den Vorlagebogen, und zeichnen Sie das gewünschte Motiv mit einem weichen Bleistift ab. Legen Sie jetzt das Architektenpapier mit der Bleistiftseite auf das Holz. Fahren Sie die Linien auf der Rückseite des Architektenpapiers mit einem harten Bleistift nochmals nach. Hierdurch werden die Linien auf das Holz übertragen. In gleicher Weise übertragen Sie auch alle Linien, Gesichter usw. auf das grundierte Holz.

Das Sägen

Mit einer Laubsäge: Befestigen Sie ein Sägetischchen mit einer Schraubzwinge an einer Tischkante. Der Schlitz und das Loch liegen vor der Tischkante. Das Motiv wird in dem Loch gesägt. Spannen Sie ein geeignetes Sägeblatt ein, und drehen Sie es mit den Flügelschrauben fest. Halten Sie den Sägebogen waagerecht und parallel zum Unterarm. Es wird immer nur das Holz gedreht, nicht die Säge.

Mit einer Decoupiersäge: Spannen Sie zunächst das für diese Holzart geeignete Sägeblatt ein, und achten Sie darauf, dass die Sägezähne nach unten zeigen, um ein Ausschlagen des Holzes zu vermeiden. Sägen Sie nun entlang der Bleistiftlinie, indem Sie das Holz langsam und ohne Druck gegen das Sägeblatt drücken. Achten Sie dabei

Achtung
Lassen Sie niemals Kinder unbeaufsichtigt an einer Decoupiersäge arbeiten!

darauf, dass das Holz immer fest auf dem Sägetisch aufliegt.
Um aus einem Motiv etwas herauszusägen, bohren Sie zunächst ein kleines Loch. Lösen Sie das obere Teil das Sägeblattes, und führen Sie dieses durch das Bohrloch. Spannen Sie das Sägeblatt wieder ein. Nun können Sie problemlos im Motiv sägen.

Das Schleifen

Nicht immer werden beim Sägen Rundungen wirklich rund und Kanten richtig gerade. Mit einem Schleifpapier grober Körnung lassen sich jedoch kleine und größere Patzer schnell korrigieren. Für grade Kanten legen Sie Ihr Schleifpapier auf einen Schleifklotz aus Holz oder Kork und schleifen damit über die längste Seite des Holzes hin und her. Um Rundungen zu korrigieren, müssen Sie an den jeweiligen Stellen individuell zurückschleifen.
Kanten „brechen" Sie, indem Sie kurz mit etwas Druck direkt mit dem Schleifpapier über die Kante fahren oder mit dem Cutter die Kante etwas „abhobeln".

Das Bohren

Beim Bohren von Löchern besteht immer die Gefahr, dass das Holz auf der Rückseite aussplittert. Um dies zu vermeiden, sollten Sie stets ein weiteres Stück Holz unterlegen.

Die Maltechniken

Grundieren: Benutzen Sie einen einfachen Borstenpinsel für den Farbauftrag. Bürsten Sie die Farbe mit etwas Druck in das Holz. So können keine „Schlieren" entstehen. Bei der Verwendung von Beize tragen Sie diese mit einem flach gebundenen Synthetikpinsel rasch und farbsatt auf das Holz auf. So vermeiden Sie Trocknungsränder.

Beizen: Verdünnen Sie 1 Teil Farbe mit drei bis vier Teilen Wasser (je nach gewünschter Intensität), z.B. in einem leeren Marmeladenglas mit Deckel. Die Beize lässt die Holzmaserung durchscheinen. Exakte Farbabtrennungen sind jedoch nicht möglich.

Alterungs-Effekt: Soll ein Teil schon etwas abgegriffen aussehen, so schleift man nach dem Trocknen der Farbe die Kanten etwas ab. Anschließend werden diese mit verdünnter brauner Farbe und einem Papiertuch übergewischt. Ein weiterer Effekt wird durch das Aufspritzen von Farbpünktchen erzielt. Tauchen Sie eine Zahnbürste in etwas verdünnte braune Farbe, und streichen Sie diese in einer Richtung von sich weg über ein Spritzsieb.

Punkte setzen: Um gleichmäßige Punkte zur Verzierung zu setzen, brauchen Sie Stricknadeln oder Pinselstiele in unterschiedlichen Größen. Tauchen Sie den Pinselstiel oder die Stricknadel in einen Farbspiegel ein. Setzen Sie anschließend den Stiel senkrecht auf Ihr Holz. Die Farbmenge reicht meist für zwei Punkte aus. Wischen Sie das Ende mit einem Papiertuch sauber, bevor Sie erneut in den Farbspiegel eintauchen. So werden Ihre Punkte immer schön rund.

Drybrushing: Bürsten Sie mit einem trockenen Drybrush-Pinsel mit runder Spitze die Farbe auf das Motiv. Tauchen Sie die Pinselspitze in die gewünschte Farbe. Streichen Sie nun den Pinsel auf einem Papiertuch so lange hin und her, bis Sie das Gefühl haben, dass jetzt keine Farbe mehr im Pinsel ist. Streichen Sie nun mit dem Pinsel über die gewünschten Flächen.

Nass-in-Nass-Technik: Bei dieser Technik werden zwei oder mehr Farben nass ineinander gewischt. Tragen Sie dazu die Farben nebeneinander oder übereinander auf, und ziehen Sie die Farben mit dem Pinsel ineinander. Sie müssen dabei zügig oder in Teilschritten arbeiten, damit die Farbe nicht antrocknen kann. Sie erhalten weiche Farbübergänge.

Gesichter malen: Nachdem Sie die Figur fertig bemalt haben, wird das Gesicht aufgetragen. Brushen Sie zunächst die Wangen in Rosa, und übertragen Sie anschließend die Konturen der Nase, Mund und den Augen vom Vorlagebogen. Für die Augen tragen Sie zwei Punkte mit schwarzer Farbe auf. Nach dem Trocknen werden die Lichtpunkte mit Altweiß gesetzt. Nase, Mund, Sommersprossen werden meist mit dem Gelstift nachgezogen. Tiernasen malen Sie am besten mit schwarzer Farbe aus.

Versiegeln: Damit das bemalte Teil später auch feucht abwischbar ist, wird es mit einem transparent matten Sprühlack versiegelt. Figuren für den Garten sollten Sie evtl. mit einem Bootslack versiegeln.

Das Befestigen der Haare

Bei der Verwendung von Lockengarn oder Haarwolle werden die einzelnen Fäden folgendermaßen befestigt. Fixieren Sie zuerst die Ponyhaare sowie die Haare am Hinterkopf mit etwas Heißkleber. Anschließend werden an den Seiten die untersten Haare zuerst befestigt. Verwenden Sie je nach Größe des Kopfes drei bis vier Fäden nebeneinander, und arbeiten Sie sich so bis zum Scheitel vor. Der Abstand der Haarreihen beträgt ca. 1 cm.

Einfärben von Stoffen

Damit die Stoffe schon etwas älter aussehen, können Sie diese mit schwarzen Tee einfärben. Dazu brühen Sie den Tee stark auf und weichen den Stoff ca. 15 Minuten ein und fixieren anschließend mit Essig.

9

Schutzengel

Schutzengel fürs Auto

Material
✘ Sperrholz, 4 mm stark
✘ Schleifpapier feiner Körnung
✘ Holzleim
✘ Bastelfarben in Altweiß, Rot, Rosa, Haut, Braun und Schwarz
✘ Gelstift in Schwarz
✘ fester und dünner Draht
✘ Naturbast
✘ Lockengarn in Blond
✘ Bohrer, 1 mm und 2 mm $\varnothing$
✘ Sprühlack

Anleitung
Ein kleiner Engel sorgt für Sicherheit auf den Straßen.
Übertragen Sie die Konturen vom Vorlagebogen auf das Holz, und sägen Sie diese aus. Bohren Sie die Löcher für die Drahtverbindungen, und schleifen Sie die Kanten rund.
Grundieren Sie das Kleid in Rot, und wischen Sie in der Nass-in-Nass-Technik etwas Schwarz mit hinein. Die Flügel und das Schild werden mit Altweiß grundiert und mit Braun verwischt. Bemalen Sie das Gesicht, die Hände und die Füße mit Haut, und stupfen Sie die Wangen mit Rosa ab.
Für die Augen setzen Sie zwei Pünktchen mit schwarzer Farbe. Die Nase, der Mund und die Beschriftung des Schildes werden mit dem Gelstift aufgetragen.
Versiegeln Sie die Farben mit dem Sprühlack, und drahten Sie die Einzelteile zusam-

men. Fixieren Sie die Arme und die Flügel zusätzlich noch mit einem Tropfen Leim.
Nehmen Sie vier bis fünf Fäden vom Lockengarn, und drahten Sie es in der Mitte

Fahr nicht schneller als Dein Schutzengel fliegen kann

ab. Befestigen Sie die Haare oberhalb des Kopfes. Für die Aufhängung wickeln Sie den festen Draht spiralförmig um einen runden Gegenstand.

TIPP: Da der Engel sich bei der Autofahrt dreht, empfehle ich, das Gesicht auf beide Seiten zu malen und das Schild ebenfalls beidseitig zu beschriften.

11

Regal-Engel

Material
- Leimholz, 18 mm stark
- Sperrholz, 4 mm und 8 mm stark
- Rundholz, 25 mm lang, 5 mm ∅ (Kopfverbindung)
- Schleifpapier mittlerer Körnung
- Cutter oder Schnitzmesser
- Holzleim
- Bastelfarben in Altweiß, Gelb, Rosa, Haut, Braun und Schwarz
- Beize in Terrakotta
- Gelstift in Schwarz
- fester und dünner Draht
- Lockengarn in Orange
- Karostoff in Braun
- Bohrer, 2 mm ∅
- Sprühlack

Anleitung
Als stilles Mitglied der Familie passt dieser Engel auf Sie auf.

Übertragen Sie die Konturen vom Vorlagebogen auf das Holz, und sägen Sie diese aus. Glätten Sie die Seiten mit dem Schleifpapier, und brechen Sie die Kanten mit dem Cutter. Bohren Sie nun die Löcher für die Verbindungen der Einzelteile.

Beizen Sie das Kleid in Terrakotta, und wischen Sie in der Nass-in-Nass-Technik etwas Gelb mit hinein. Der Stern wird mit Gelb grundiert und mit Braun verwischt. Bemalen Sie den Flügel mit Altweiß, und wischen Sie in die noch nasse Farbe etwas Braun hinzu. Die Schuhe werden mit Braun bemalt und mit sehr wenig Altweiß verwischt. Nun grundieren Sie noch die Beine, die Hände und das Gesicht mit Haut und stupfen die Wangen mit Rosa ab. Setzen Sie für die Augen zwei schwarze Punkte mit Lichtpunkten in Altweiß. Mit etwas Braun malen Sie die Sommersprossen auf. Nun zeichnen Sie noch die Nase und den Mund mit dem Gelstift ein und versiegeln anschließend die Farben mit dem Sprühlack. Drahten Sie dann die Einzelteile zusammen, und befestigen Sie den Flügel mit Holzleim. Schneiden Sie das Lockengarn zu, und fixieren Sie es am besten mit Heißkleber am Kopf. Binden Sie aus dem Karostoff eine Schleife, und kleben Sie diese in das Haar.

Sternenklänge

Material
✗ Sperrholz, 4 mm, 6 mm und 8 mm stark
✗ Leimholz, 18 mm stark
✗ Rundholz, 25 mm lang, 5 mm $\varnothing$
✗ Schleifpapier feiner und mittlerer Körnung
✗ Cutter oder Schnitzmesser
✗ Holzleim
✗ Bastelfarben in Altweiß, Gelb, Rosa, Blau, Haut, Braun und Schwarz
✗ Gelstift in Schwarz
✗ Alu-Draht, 50 cm lang, 2,5 mm $\varnothing$
✗ Stieldraht, 1,5 mm $\varnothing$
✗ dünner Draht in Braun und Silber
✗ fester Draht
✗ Nähgarn in Gelb
✗ 3-teiliger Klangspielsatz in Silber
✗ Lockengarn in Blond
✗ Juteschnur
✗ Bohrer, 1 mm, 2 mm und 3 mm $\varnothing$
✗ Sprühlack

Anleitung
Damit auch Sie diesen lieblichen Klängen lauschen können, müssen Sie nur die Konturen vom Vorlagebogen auf das Holz übertragen und diese anschließend aussägen. Glätten Sie die Seiten mit dem Schleifpapier, und brechen Sie die Kanten mit dem Cutter. Bohren Sie nun die Löcher für die Verbindungen der Einzelteile.

Bemalen Sie die Wolke und die Flügel mit Altweiß, und wischen Sie in der Nass-in-Nass-Technik etwas Braun mit hinein. Die Sterne werden mit Gelb bemalt und mit Braun verwischt. Grundieren Sie nun das Kleid in Blau, und wischen Sie in die noch nasse Farbe etwas Schwarz mit hinein. Bemalen Sie die Füße, die Hände und das Gesicht mit Haut, und stupfen Sie die Wangen mit Rosa ab.

Für die Augen setzen Sie zwei schwarze Punkte mit Lichtpunkten in Altweiß. Der Mund und die Nase werden mit dem Gelstift aufgetragen. Versiegeln Sie die Farben mit dem Sprühlack, und befestigen Sie die Arme mit dem festen Draht. Die Flügel werden angeleimt. Schneiden Sie das Lockengarn in kurze Abschnitte, und befestigen Sie diese, am besten mit Heißkleber, auf dem Kopf.

Leimen Sie nun den Engel und den kleinen Stern auf die Wolke. Biegen Sie den Aludraht in Form, und befestigen Sie die Klangstäbe mit dem Nähgarn am Stern. Hängen Sie danach die Sterne auf.

Der kleine dicke Stern wird in der vorher gebogenen Schlaufe am Stab befestigt. Fixieren Sie zum Abschluss noch die Juteschleife am Kragen.

Engel verzeihen alles

Material
- ✗ Sperrholz, 4 mm, 6 mm und 8 mm stark
- ✗ 2 Rundhölzer, 50 mm lang, 8 mm Ø
- ✗ Rundholz, 30 mm lang, 4 mm Ø
- ✗ Schleifpapier mittlerer Körnung
- ✗ Cutter oder Schnitzmesser
- ✗ Holzleim

- ✗ Bastelfarben in Altweiß, Rot, Rosa, Haut, Braun und Schwarz
- ✗ Gelstift in Schwarz
- ✗ fester Draht
- ✗ Kupferfolie, 1,5 mm stark
- ✗ Bohrer, 1 mm, 2 mm und 5 mm Ø
- ✗ Sprühlack

Anleitung

„My angel forgives everything" – und die Welt ist wieder in Ordnung.

Übertragen Sie die Konturen vom Vorlagebogen auf das Holz, und sägen Sie diese aus. Glätten Sie die Seiten mit dem Schleifpapier, und brechen Sie die Kanten mit dem Cutter. Bohren Sie nun die Löcher für die Verbindungen der Einzelteile. Für die Haare bohren Sie mit dem 1-mm-Bohrer 14 Löcher.

Grundieren Sie das Kleid und die Schuhe in Altweiß, und wischen Sie in der Nass-in-Nass-Technik etwas Braun mit hinein. Betonen Sie die Schuhe dabei etwas stärker. Das Herz wird in Rot grundiert und mit sehr wenig Schwarz verwischt. Übertragen Sie den Schriftzug nach dem Trocknen der Farbe auf das Herz, und ziehen Sie ihn mit Altweiß nach. Grundieren Sie den Stern mit Gelb, und wischen Sie in die noch nasse Farbe etwas Braun hinein. Das Gesicht und die Hände werden mit Haut bemalt und die Wangen mit Rosa abgestupft.

Versiegeln Sie nun die Farben mit dem Sprühlack, und verbinden Sie anschließend die Einzelteile. Wickeln Sie den Draht für die Haare je acht Mal um einen Schaschlikspieß o. Ä., und fixieren Sie das Ende mit etwas Klebstoff im Bohrloch. Zum Abschluss werden noch das Herz, die Flügel und die Hände aufgeleimt.

16

Friedens-Engel

Material

✗ Sperrholz, 8 mm stark
✗ Leimholz, 18 mm stark
✗ Schleifpapier mittlerer Körnung
✗ Cutter oder Schnitzmesser
✗ Bastelfarben in Altweiß, Rosa, Haut, Braun und Schwarz
✗ Beize in Hellblau
✗ Gelstift in Schwarz
✗ Holzleim
✗ fester Draht
✗ Bohrer, 2 mm Ø
✗ Haarwolle in Braun
✗ Schleife aus Naturbast
✗ Lackmalstift in Schwarz
✗ Sprühlack

Anleitung

Im Eingangsbereich aufgehängt sorgt dieser kleine Engel für friedliche Stimmung im Heim. Übertragen Sie die Konturen vom Vorlagebogen auf das Holz, und sägen Sie diese aus. Glätten Sie die Seiten mit dem Schleifpapier, und brechen Sie die Kanten mit dem Cutter. Bohren Sie nun die Löcher für die Verbindungen der Einzelteile.

Beizen Sie das Kleid in Hellblau, und lassen Sie die Farbe gut trocknen. Anschließend brushen Sie die Streifen im Karomuster sowie die Ränder mit Altweiß auf. Die Wolke wird mit Altweiß bemalt und mit der Beize etwas verwischt. Grundieren Sie die Flügel ebenfalls mit Altweiß, und wischen Sie in die noch nasse Farbe etwas Braun hinein. Bemalen Sie nun die Füße, die Hände und das Gesicht mit Haut, und stupfen Sie die Wangen mit Rosa ab. Setzen Sie für die Augen zwei schwarze Punkte mit Lichtpunkten in Altweiß, und zeichnen Sie die Nase und den Mund mit dem Gelstift ein. Übertragen Sie nun den Schriftzug auf die Wolke, und ziehen Sie ihn mit dem Lackmalstift nach. Versiegeln Sie die Farben mit dem Sprühlack, und drahten Sie die Einzelteile zusammen. Zum Befestigen der Wolke wickeln Sie den Draht über einen runden Gegenstand spiralförmig auf. Schneiden Sie die Haarwolle in Abschnitte, und fixieren Sie zuerst den Pony und anschließend das Deckhaar. Zum Abschluss befestigen Sie noch die Schleife im Haar.

Kleiner Engel

Material
- ✗ Sperrholz, 8 mm stark
- ✗ Rundholz, 20 mm lang, 3 mm $\varnothing$
- ✗ Schleifpapier feiner und mittlerer Körnung
- ✗ Cutter oder Schnitzmesser
- ✗ Holzleim

- ✗ Bastelfarben in Altweiß, Rosa, Rot, Grün, Haut, Braun und Schwarz
- ✗ Gelstift in Schwarz
- ✗ fester Draht
- ✗ Haarwolle in Braun
- ✗ Bohrer, 2 mm und 3 mm $\varnothing$
- ✗ Sprühlack

Anleitung

Diesen kleinen Engel muss man einfach in sein Herz schließen!

Übertragen Sie die Konturen vom Vorlagebogen auf das Holz, und sägen Sie diese aus. Glätten Sie die Seiten mit dem Schleifpapier, und brechen Sie bei dem Herz die Kanten mit dem Cutter. Bohren Sie nun die Löcher für die Verbindungen der Einzelteile.

Grundieren Sie das Kleid mit Grün, und brushen Sie nach dem Trocknen der Farbe ganz leicht mit Altweiß darüber.

Das Herz wird mit Rot bemalt, die Ränder werden mit Altweiß überbrusht. Grundieren Sie das Gesicht, die Hände und die Füße mit Haut, und rougen Sie die Wangen mit Rosa.

Bemalen Sie den Flügel mit Altweiß, und wischen Sie in der Nass-in-Nass-Technik etwas Braun hinein. Übertragen Sie nun den Schriftzug auf das Kleid, und ziehen Sie diesen mit Altweiß nach.

Zeichnen Sie anschließend das Gesicht ein, und versiegeln Sie die Farben mit dem Sprühlack. Leimen Sie den Kopf und die Flügel fest, und drahten Sie das Herz und die Arme an. Zum Abschluss werden noch die Haare mit Heißkleber befestigt.

Schutzengel für die Nacht

Material

- Leimholz, 18 mm stark
- Sperrholz, 4 mm und 8 mm stark
- Schleifpapier feiner und mittlerer Körnung
- Cutter oder Schnitzmesser
- Bastelfarben in Altweiß, Gelb, Dunkelorange, Rosa, Blau, Haut, Braun und Schwarz
- Gelstift in Schwarz
- fester Draht
- Lockengarn in Orange, Dschungelmoos
- Schleife aus dünnem Jutegarn
- Holzleim, Bohrer, 2 mm Ø
- Sprühlack

Anleitung

Wenn alle anderen schlafen, hat dieser Engel allerhand zu tun. Übertragen Sie die Konturen vom Vorlagebogen auf das Holz, und sägen Sie diese aus. Glätten Sie die Seiten mit dem Schleifpapier, und brechen Sie die Kanten mit dem Cutter. Bohren Sie nun die Löcher für die Verbindungen. Grundieren Sie den Mond und die Sterne in Gelb, und wischen Sie in der Nass-in-Nass-Technik etwas Dunkelorange mit hinein. Das Kleid wird in Blau bemalt und nach dem Trocknen mit Altweiß ganz leicht überbrusht. Grundieren Sie das Gesicht, die Hände und die Füße mit Haut, und rougen Sie die Wangen in Rosa. Die Flügel werden mit Altweiß bemalt und mit wenig Braun verwischt. Zeichnen Sie das Gesicht ein, und versiegeln Sie die Farben mit dem Sprühlack. Befestigen Sie die Sterne mitsamt dem Dschungelmoos mit Heißkleber am Mond; der kleine Stern, der den Engel trägt, wird aufgeleimt. Drahten Sie die Einzelteile zusammen, und fixieren Sie die Flügel und die Arme zusätzlich noch mit Leim. Die Drahtenden werden spiralförmig verdreht. Leimen Sie den kleinen Stern hinter die Hand, und kleben Sie die Haare und die Schleife am Kopf fest.

Schutzengel für die Küche

Material
✗ Sperrholz, 8 mm stark
✗ Leimholz, 18 mm stark
✗ 1 Holzdübel, 6 mm $\varnothing$
✗ Schleifpapier mittlerer Körnung
✗ Cutter oder Schnitzmesser
✗ Holzleim
✗ Bastelfarben in Altweiß, Rosa, Haut, Braun und Schwarz
✗ Beize in Blau
✗ Gelstift in Schwarz
✗ fester Draht
✗ Haarwolle in Braun
✗ Karostoff in Blau
✗ Spitzenband in Altweiß, 30 cm lang
✗ Jutekordel, dick, 1 m lang
✗ Naturbast
✗ Nadel und Faden
✗ kleines Hackbeil
✗ Nudelholz
✗ 2 kleine Nägel
✗ Bohrer, 2 mm, 6 mm und 8 mm $\varnothing$
✗ Sprühlack

Anleitung
Mit diesem Schutzengel brennt Ihnen in der Küche so leicht nichts mehr an.

Übertragen Sie die Konturen vom Vorlagebogen auf das Holz, und sägen Sie diese aus. Glätten Sie die Seiten mit dem Schleifpapier, und brechen Sie die Kanten mit dem Cutter. Bohren Sie nun die Löcher für die Verbindungen.

Beizen Sie das Kleid und die Schuhe in Blau, und wischen Sie in die noch nasse Farbe etwas Schwarz mit hinein. Lassen Sie die Beize gut trocknen. Gesicht und Hände werden in Haut bemalt. Brushen Sie die Wangen in Rosa auf, und zeichnen Sie das Gesicht ein. Grundieren Sie die Beine und die Flügel in Altweiß, und wischen Sie in der Nass-in-Nass-Technik etwas Braun hinein. Versiegeln Sie anschließend die Farben mit dem Sprühlack.

Leimen Sie als Nächstes den Flügel fest, und kleben Sie die Haare an. Gehen Sie dabei folgendermaßen vor: Zuerst werden die Ponyhaare sowie die Haare am Hinterkopf befestigt. Anschließend fixieren Sie die unters-

20

ten Haare an den Seiten, etwa 4 Fäden nebeneinander, und arbeiten sich nach oben
zur Mitte vor. Befestigen Sie sie nun direkt
auf der Mitte die Schleife. Fädeln Sie einen
Faden am Rand des Spitzenbandes in ca.
1,5 cm langen Stichen durch, und schieben
Sie das Band über dem Faden zusammen.
Binden Sie es danach locker um den Hals.
Drahten Sie die Arme an den Körper, und
nageln Sie die Beine zuerst nur provisorisch
an. Leimen Sie den Engel nun auf das Nu-

delholz, und korrigieren Sie die Beine. Diese
können Sie anschließend festnageln. Fixieren Sie das Hackbeil an der Hand, und befestigen Sie die Juteschnur mit etwas Heißkleber so, dass der Engel kein Übergewicht
bekommt.
Binden Sie aus einem ca. 4 cm breiten Stoff-
streifen eine Schleife, und drahten Sie diese
mit einer Schleife aus dem Bast zusammen.
Fixieren Sie die fertige Schleife mit Heißkleber am Nudelholz.

21

Schutzengel für die Tiere

Material

- Sperrholz, 4 mm und 8 mm stark
- Leimholz, 18 mm stark
- 1 Holzdübel, 8 mm Ø
- Schleifpapier mittlerer Körnung
- Cutter oder Schnitzmesser
- Holzleim
- Bastelfarben in Altweiß, Gelb, Rosa, Haut, Terrakotta, Braun und Schwarz
- Beize in Grün
- Gelstift in Schwarz
- fester und dünner Draht
- Stieldraht, 45 cm lang, 5 mm stark
- Lockengarn in Orange
- Karostoff in Blau
- Naturbast
- Bohrer, 2 mm und 8 mm Ø
- Sprühlack

Anleitung

Rund um die Uhr kümmert sich dieser kleine Engel um das Wohlergehen der Tiere. Übertragen Sie die Konturen vom Vorlagebogen auf das Holz, und sägen Sie diese aus. Glätten Sie die Seiten mit dem Schleifpapier, und brechen Sie die Kanten mit dem Cutter. Bohren Sie nun die Löcher, und leimen Sie die Einzelteile von der Kuh und der Gans zusammen.

Beizen Sie das Kleid in Grün, und wischen Sie in die noch nasse Farbe etwas Gelb mit hinein. Die Kanten werden mit Altweiß überbrusht. Bemalen Sie das Gesicht und die Hände mit Haut, und zeichnen Sie das Gesicht ein. Grundieren Sie die Schuhe in Terrakotta, und brushen Sie die Kanten mit Weiß über. Die Flügel werden in Altweiß bemalt und in der Nass-in-Nass-Technik etwas mit Braun verwischt. Übertragen Sie den Schriftzug, und ziehen Sie ihn mit schwarzer Farbe nach.

Tiere: Grundieren Sie die Tiere in Altweiß, und wischen Sie mit Ausnahme der Kuh etwas braune Farbe mit hinein. Die Wangen und das Ohrinnere werden nach dem Trocknen mit Rosa aufgebrusht. Bemalen Sie den Schnabel und die Füße der Gans mit Terrakotta und die Flecken, Ohren, Haare und Hufe bei der Kuh mit Braun. Tragen Sie anschließend die Gesichter auf.

Stern: Grundieren Sie den Stern in Gelb, und wischen Sie von den Spitzen zur Mitte etwas braune Farbe. Versiegeln Sie die Farben mit dem Sprühlack. Drahten Sie nun die Einzelteile vom Engel zusammen, und leimen Sie den Flügel und den Kopf fest.

Schneiden Sie vom Lockengarn ca. 10 Fäden von je 18 cm Länge ab, und kleben Sie diese auf dem Oberkopf fest.

Weitere 10 Fäden von je 6 cm Länge werden in der Mitte mit einem schmalen Streifen Karostoff zusammengebunden und so befestigt, dass der vordere Teil den Pony ergibt. Binden Sie aus den Seitenhaaren die Zöpfe, und befestigen Sie die Bastschleifen. Biegen Sie den Stieldraht so, dass fünf kleine Schlaufen entstehen. Schieben Sie den Draht durch die Hände und biegen die Enden nach oben. Die Tiere werden mit dem dünnen Draht befestigt.

22

All my animals

23

Welcome-Engel

Material

- ✗ Leimholz, 18 mm stark
- ✗ Sperrholz, 8 mm stark
- ✗ Leiste, 1 m lang, 10 x 10 mm
- ✗ Holzdübel, 8 mm ⌀
- ✗ Schleifpapier mittlerer Körnung
- ✗ Cutter oder Schnitzmesser
- ✗ Holzleim
- ✗ Bastelfarben in Altweiß, Rosa, Haut, Braun und Schwarz
- ✗ Beize in Hellblau und Schwarz
- ✗ Gelstift in Schwarz
- ✗ Lackmalstift in Schwarz
- ✗ fester Draht
- ✗ Haarwolle in Braun
- ✗ Schleife aus Karostoff in Blau
- ✗ Spitzenband in Altweiß, 30 cm lang
- ✗ Bohrer, 2 mm und 8 mm ⌀
- ✗ 2 Schrauben, 3 cm lang
- ✗ 3 kleine Nägel
- ✗ Metall-Laterne, 9 cm hoch
- ✗ Sprühlack

Anleitung

Freundlich heißt dieser Engel alle Besucher willkommen.
Übertragen Sie die Konturen vom Vorlagebogen auf das Holz, und sägen Sie diese aus. Die Bodenplatte aus 8 mm starkem Sperrholz hat die Maße 12 x 20 cm. Glätten Sie die Seiten mit dem Schleifpapier, und brechen Sie die Kanten mit dem Cutter.

Bohren Sie nun die Löcher für die Verbindungen der Einzelteile.
Beizen Sie das Kleid in Hellblau, und wischen Sie in die noch nasse Farbe etwas Rosa hinein. Grundieren Sie die Flügel, die Leiste und das Welcome-Schild in Altweiß, und wischen Sie in der Nass-in-Nass-Technik etwas Braun hinein.
Beizen Sie die Bodenplatte in Schwarz, und bemalen Sie die Hände und das Gesicht mit Haut. Nach dem Trocknen werden die Wangen mit Rosa gerougt und das Gesicht aufgemalt. Leimen Sie nun die Einzelteile zusammen, und drahten Sie die Arme an den Körper.
Die Hände werden danach aufeinander geleimt. Anschließend wird der Engel zusätzlich noch mit zwei Schrauben auf der Bodenplatte gesichert.
Versiegeln Sie nun die Farben mit dem Sprühlack, und fixieren Sie die Haare und die Schleife am Kopf.
Fädeln Sie einen Faden am Rand des Spitzenbandes in ca. 1,5 cm langen Stichen durch, und schieben Sie das Band über dem Faden zusammen. Binden Sie es danach locker um den Hals.
Übertragen Sie den Schriftzug auf das Schild, und ziehen Sie ihn mit einem dicken Lackmalstift nach. Befestigen Sie die Leiste mit drei kleinen Nägeln von hinten.

24

Garten-Engel

Material
- ✘ Leimholz, 18 mm stark
- ✘ Sperrholz, 8 mm stark
- ✘ 1 Holzdübel, 8 mm $\varnothing$
- ✘ Schleifpapier mittlerer Körnung
- ✘ Cutter oder Schnitzmesser
- ✘ Holzleim
- ✘ Bastelfarben in Altweiß, Gelb, Dunkel-orange, Rosa, Haut, Braun und Schwarz
- ✘ Beize in Grün
- ✘ Gelstift in Schwarz
- ✘ Lackmalstift in Schwarz
- ✘ fester Draht
- ✘ Lockengarn in Orange
- ✘ Jutegarn
- ✘ dünne Zweige
- ✘ Bohrer, 2 mm, 3 mm und 8 mm $\varnothing$
- ✘ 2 Alurohre, 15 cm lang, 6 mm $\varnothing$
- ✘ Schweißdraht, 20 cm lang, 3 mm stark
- ✘ Sprühlack

Anleitung
Damit auch in Ihrem Garten alles wächst und gedeiht, brauchen Sie nur die Konturen vom Vorlagebogen auf das Holz zu über-tragen und diese anschließend auszusägen. Glätten Sie die Seiten mit dem Schleif-papier, und brechen Sie die Kanten mit dem Cutter. Bohren Sie nun die Löcher für die Verbindun-gen der Einzelteile. Ein weiteres Loch von 3 mm Durchmesser wird 4 cm vom oberen Rand gemessen mittig in den Hinterkopf gebohrt. Bohren Sie das Loch schräg nach unten, etwa 1,5 cm tief. Hier wird der „Hei-

ligenschein" befestigt. Grundieren Sie den Rock in Gelb, und wischen Sie in der Nass-in-Nass-Technik etwas Dunkelorange mit hinein. Das Hemd wird in Dunkelorange grundiert und mit Gelb verwischt. Bemalen Sie das Gesicht und die Hände mit Haut, und rougen Sie anschließend die Wangen mit Rosa. Zeichnen Sie nach dem Trocknen das Gesicht ein. Der Kragen, das Schild und der Flügel werden mit Altweiß grundiert und mit Braun verwischt. Beizen Sie die Gießkanne und die Blätter in Grün, und wischen Sie ein wenig Gelb mit hinein. Die Blume wird mit Gelb bemalt und mit Dunkel-orange verwischt. Die Blütenmitte wird kräftig mit Dunkelorange abgestupft. Ver-siegeln Sie nun die Farben mit dem Sprüh-kleber. Biegen Sie den Schweißdraht um einen runden Gegenstand zum Kreis, und biegen Sie das Ende nach unten. Mit etwas Heißkleber wird das Drahtende im Bohrloch am Hinterkopf befestigt.

Drahten Sie nun die Einzelteile zusam-men, und leimen Sie den Flügel, die Kanne mit der vorher befestigten Schleife und die Blume fest. Binden Sie die Zweige mit dem Jutegarn zu-sammen, und befestigen Sie diese unter der Blüte. Das Schild wird mit einem weite-ren Stück Jutegarn um den Hals gebunden. Kleben Sie nun die Haare und die Schleife am Kopf fest, und befestigen Sie die Alu-rohre.

Garden Angel

27

Schutzengel der Pflanzen

Material
✗ Leimholz, 18 mm stark
✗ Sperrholz, 4 mm und 8 mm stark
✗ Rundholz, 3 cm lang, 25 mm Ø
✗ Schleifpapier mittlerer Körnung
✗ Cutter oder Schnitzmesser
✗ Holzleim
✗ Bastelfarben in Gelb, Dunkelorange, Rosa, Haut und Schwarz
✗ Beize in Grün
✗ Gelstift in Schwarz
✗ dünner Draht
✗ Haarwolle in Braun
✗ Schleife aus Karostoff in Braun
✗ dünnes Juteband
✗ Bohrer, 2 mm Ø
✗ Sprühlack

Anleitung
Liebevoll kümmert sich dieser kleine Engel um das Wohlergehen der Blumen und Pflanzen.

Übertragen Sie die Konturen vom Vorlagebogen auf das Holz, und sägen Sie diese aus. Bohren Sie die Löcher für die Verbindungen.

Grundieren Sie das Kleid in Gelb, und wischen Sie in der Nass-in-Nass-Technik etwas Dunkelorange mit hinein. Betonen Sie die Arme dabei etwas stärker. Bemalen Sie die Hände, Füße und das Gesicht mit Haut, und lassen Sie die Farbe trocknen. Rougen Sie anschließend die Wangen in Rosa, und brushen Sie mit der gleichen Farbe ganz leicht über die Hände und Füße. Zeichnen Sie nun das Gesicht ein. Beizen Sie danach den Blätterbogen in Grün, und grundieren Sie die Blumen in Gelb. Wischen Sie in die noch nasse Farbe ganz wenig Dunkel-

orange von den Spitzen zur Mitte. Die Blütenmitte wird kräftig mit Dunkelorange abgestupft. Leimen Sie die Einzelteile zusammen, und versiegeln Sie die Farben mit dem Sprühlack.

Fixieren Sie die Haare und die Schleife mit Heißkleber am Kopf, und drahten Sie die Blumen zusammen. Befestigen Sie die gedrahteten Blumen und das Aufhängegarn am Blätterbogen, und kleben Sie über die Bohrlöcher je eine kleine Schleife aus dem Jutegarn.

28

Lichter-Engel

Material
- Sperrholz, 4 mm stark
- Schleifpapier feiner Körnung
- Holzleim
- Bastelfarben in Altweiß, Rosa, Rot, Haut und Braun
- Gelstift in Schwarz
- fester Draht
- 3 Stück Stieldraht, 1,5 cm lang, 10 mm $\varnothing$
- Lockengarn in Weiß
- 3 Klebesterne
- Naturbast
- 1 Glaswindlicht
- Bohrer, 1 mm und 1,5 mm $\varnothing$
- Sprühlack

Anleitung
Für stimmungsvolles Weihnachtslicht sorgen diese drei kleinen Engel.

Übertragen Sie die Konturen vom Vorlagebogen auf das Holz, und sägen Sie diese aus. Glätten Sie die Seiten mit dem Schleifpapier, und bohren Sie die erforderlichen Löcher.

Grundieren Sie die Kleider in Rot, und brushen Sie nach dem Trocknen der Farbe die Ränder mit Altweiß über. Bemalen Sie das Gesicht, die Füße und die Hände mit Haut, und rougen Sie die Wangen in Rosa. Zeichnen Sie als Nächstes das Gesicht mit dem Gelstift ein. Die Flügel werden in Altweiß grundiert und mit Braun in der Nass-in-Nass-Technik verwischt. Leimen Sie die Köpfe und die Flügel fest, und versiegeln Sie die Farben mit dem Sprühlack.

Drehen Sie den festen Draht über einen runden Gegenstand zum Heiligenschein, und biegen Sie das Ende nach unten. Der Heiligenschein wird im Bohrloch mit etwas Leim befestigt. Drahten Sie nun die Arme an den Körper, und kleben Sie die Sterne auf. Zum Abschluss werden die Engel zum Ring zusammengedrahtet. Drehen Sie die Drahtmitte etwa dreimal zur Spirale auf.

Weihnachts-Engel

Material
✗ Leimholz, 18 mm stark
✗ Sperrholz, 8 mm stark
✗ Holzdübel, 3 mm ∅
✗ Schleifpapier mittlerer Körnung
✗ Cutter oder Schnitzmesser
✗ Holzleim
✗ Bastelfarben in Altweiß, Gelb, Dunkelorange, Rosa, Haut, Braun und Schwarz
✗ Beize in Dunkelorange und Grün
✗ Gelstift in Schwarz
✗ fester Draht
✗ Lockengarn in Weiß
✗ Karostoff in Braun
✗ Naturbast
✗ 1 Teelichthalter aus Holz
✗ Bohrer, 2 mm und 3 mm ∅
✗ Sprühlack

Anleitung
Auch kleine Tannen werden bei so viel Fürsorge einmal groß.

Übertragen Sie die Konturen vom Vorlagebogen auf das Holz, und sägen Sie diese aus. Glätten Sie die Seiten mit dem Schleifpapier, und brechen Sie die Kanten mit dem Cutter. Bohren Sie nun die Löcher für die Verbindungen der Einzelteile.

Beizen Sie das Kleid in Dunkelorange, und wischen Sie in die noch nasse Farbe etwas Gelb hinein. Grundieren Sie die Flügel und die Wolke in Altweiß, und wischen Sie in der Nass-in-Nass-Technik etwas Braun hinein. Bemalen Sie die Hände, die Füße und das Gesicht mit Haut, und rougen Sie die Wangen in Rosa. Zeichnen Sie nach dem Trocknen der Farbe das Gesicht ein, und beizen Sie die Tanne und den Teelichthalter in Grün. Brushen Sie mit Altweiß ganz leicht über die Ränder. Grundieren Sie die Sterne in Gelb, und wischen Sie ein wenig Dunkelorange mit hinein. Leimen Sie nun die Einzelteile zusammen, und drahten Sie die Flügel und die Arme fest.

30

Versiegeln Sie die Farben mit dem Sprühlack. Befestigen Sie die Haare mit Heißkleber am Kopf, und binden Sie die Seiten mit einem schmalen Streifen Karostoff zu Zöpfen zusammen.

Binden Sie zwei weitere Schleifen aus einem breiteren Streifen Stoff und drei Schleifen aus dem Naturbast. Befestigen Sie diese zusammen mit der Karoschleife und den beiden Sternen am Engel und der Tanne.

ISBN 3-8241-1222-1
Broschur, 32 S., 2 Vorlageb.

ISBN 3-8241-1197-7
Broschur, 32 S., 2 Vorlageb.

ISBN 3-8241-1250-7
Broschur, 32 S., 2 Vorlageb.

ISBN 3-8241-1180-2
Broschur, 32 S., 2 Vorlageb.

ISBN 3-8241-1121-7
Broschur, 32 S., 2 Vorlageb.

ISBN 3-8241-1163-2
Broschur, 32 S., 2 Vorlageb.

Lust auf Mehr?

Liebe Leserin, lieber Leser,
natürlich haben wir noch viele andere Bücher im Programm.
Gerne senden wir Ihnen unser Gesamtverzeichnis zu.
Auch auf Ihre Anregungen und Vorschläge sind wir gespannt.
Rufen Sie uns einfach an oder schreiben Sie uns.

Englisch Verlag GmbH
Postfach 2309 · 65013 Wiesbaden
Telefon 06 11/9 42 72-0 · Telefax 06 11/9 42 72 30
E-Mail info@englisch-verlag.de
Internet http://www.englisch-verlag.de